LE
COMTE D'ARTOIS
JUSTIFIÉ,

ET QUELQUES VUES

SUR

LES GUERRES DE LA RÉVOLUTION.

Par F. T. D.

A PARIS,
CHEZ LES MARCHANDS DE NOUVEAUTÉS.

1815.

LE
COMTE D'ARTOIS
JUSTIFIÉ.

IL entrait dans le plan des criminels complices de Bonaparte de calomnier Louis XVIII, et toute son auguste famille, pour les rendre odieux à la nation, comme en 1792 il entrait dans le plan des jacobins de répandre, contre Louis XVI et Marie-Antoinette, les mensonges les plus absurdes, pour pouvoir plus aisément les conduire à l'échafaud. C'est toujours la même tactique qu'on emploie contre les Bourbons, parce que ce sont toujours les mêmes ennemis de la France et de ses rois légitimes qui veulent régner et nous opprimer. C'est toujours la même haine, la même scélératesse qui, depuis vingt-six ans, attire sur nous toutes les espèces de calamités. Pour justifier le retour de Bonaparte, pour établir sa prétendue légitimité au trône de France, il a fallu charger le roi de toutes sortes d'accusations; et l'on n'y a pas manqué. Les moyens les plus bas et les plus vils ont été employés: injures grossières, carricatures indécentes, tout ce qu'il y a de plus déshonorant pour une nation qui devrait se respecter elle-même; on a tout mis en usage. Sous le prétexte de relever la gloire du grand peuple, on n'a pas craint de l'avilir aux yeux des autres nations, et de le faire rougir de lui-même. Heureusement que l'immense majorité des Français n'a point partagé cet opprobre, et qu'il retombe tout entier sur les coupables auteurs de tant de turpitudes.

Un des principaux griefs qu'on ait reproché à Monsieur, comte d'Artois, ou, pour mieux dire, le seul qu'on ait sérieusement articulé contre lui, c'est d'avoir, par les préliminaires du traité de Paris, abandonné la Belgique aux Alliés, et par conséquent de leur avoir livré plusieurs places fortes. Il suffit, pour justifier ce prince à cet égard, de se rappeler l'état de la France à l'époque où il rentra dans Paris, après vingt-cinq ans d'absence. Les Alliés étaient maîtres de cette Belgique; ils l'étaient de la Lorraine, de l'Alsace, de la Franche-Comté, de la Bourgogne, de la Champagne, de la Picardie et de l'Ile - de - France. Un général russe était gouverneur de la capitale , une armée de cent vingt mille hommes était campée dans les Champs-Elysées et autour de Paris. Lyon était sous la domination des Autrichiens ; Bordeaux et Toulouse étaient au pouvoir des Anglais. Enfin, les deux tiers de la France étaient envahis. La Belgique n'était qu'une province de conquête ; elle n'avait jamais fait partie de la France avant 1792. MONSIEUR , en la cédant aux Alliés , ne cédait donc qu'une province qui ne nous appartenait que depuis vingt-deux ans. Non seulement l'ancienne France n'était point entamée par ce traité , elle conservait encore des acquisitions toutes nouvelles , et que les Alliés auraient pu , sans injustice, nous revendiquer. Le comtat d'Avignon, la Savoie , la principauté de Monaco , ne faisaient point partie de la monarchie française. Les Alliés étaient vainqueurs ; et s'ils avaient usé envers nous du même droit que nous avions exercé contre eux avec tant de fierté et de rigueur , ils auraient pu , sans que nous eussions eu à nous plaindre , nous enlever toutes nos acquisitions , et prendre les provinces qui auraient été à leur convenance. Bonaparte ne leur avait - il pas donné , le premier , l'exemple de ce qu'ils auraient pu faire ? Et Monsieur , quoiqu'il fût innocent de tant d'envahissemens opérés , depuis dix ou douze ans , par les armées françaises , aurait-il eu bonne grâce à résister à leurs prétentions ? Les Alliés ne pouvaient-ils pas lui dire avec raison : « L'Assemblée Constituante , en 1790 , déclara solennellement , par un décret qui fut approuvé de tous les partis en France , que la nation française renonçait à toute espèce de conquête , et qu'elle ne ferait la guerre que pour défendre son territoire ? Louis XVI sanctionna ce décret ; tous les gens sages y applaudirent. Cependant , au mépris de ce même décret , cette même assemblée , dominée alors par quelques factieux , s'empara , en pleine paix , du comtat d'Avignon , parce qu'il était à la convenance de la France. Il est vrai qu'on supposa que cette réunion était demandée par les habitans de ce pays ; mais on sait comment leur vœu avait été exprimé : on sait que les horreurs de la glacière avaient été les moyens employés pour le forcer. D'ailleurs , quand ce vœu aurait été libre , les Avignonais avaient-ils été déliés de leur serment de fidélité par le pape leur souverain ? L'envahissement du Comtat fut donc un acte d'iniquité , et c'est par le droit du plus fort qu'il a été consommé. C'est par le droit du plus fort que la Savoie, la principauté de Monaco et la Belgique ont été incorporées à la France, comme l'ont été ensuite tant d'autres Etats. Nous sommes aujourd'hui les plus forts ; nous pouvons donc, à votre exemple, vous enlever et vos conquêtes, et quelques-unes de vos anciennes provinces. Vous avez vous-mêmes violé vos propres décrets. Vous ne vouliez que défendre votre territoire, et vous vous êtes montrés, pendant plus de vingt ans, des conquérans insatiables. Nous exigeons donc, pour indemnité de tous les maux que nos peuples ont souffert par vos guerres injustes, que vous nous cédiez les parties de la France qui conviendront à chacun de nous; nous les exigeons comme des garanties de votre bonne foi future. »

Je ne sais trop ce que le prince aurait pu répondre à ces raisons ; et nous-mêmes, aurions-nous pu nous plaindre avec justice des prétentions des Alliés ? Ne nous serions-nous pas trouvé trop heureux d'acheter le repos et la réconciliation avec l'Europe, par le sacrifice d'une portion de notre territoire ? Loin de faire un crime à Monsieur d'avoir cédé la Belgique, ne devions-nous pas le bénir d'avoir racheté les deux tiers de la France par

l'abandon d'un pays qui n'était plus notre conquête, puisqu'il était conquis sur nous? Mais,
dit-on, nous avions là plusieurs garnisons qui,
réunies, auraient formé une armée. Leur réunion était-elle possible? tout le pays n'était-il
pas occupé? et ces garnisons ne devaient-elles
pas, un peu plus tôt, un peu plus tard, être
forcées de se rendre? Nous avions aussi des
garnisons sur les bords de la Baltique : Monsieur
devait-il aussi demander la conservation des
départemens que Bonaparte y avait formés?
Ceux qui l'ont accusé, voulaient-ils que, lorsque la France était envahie, le comte d'Artois
fît un appel à la nation, qu'il levât de nouvelles
armées pour repousser les étrangers qui étaient
nos maîtres? Le devait-il? Le pouvait-il? Un
armement était-il alors praticable et politique?
N'étions-nous pas encore menacés d'une armée de réserve, qui serait venue, au premier
signal, inonder les provinces non envahies?

Cependant, lorsque les Alliés pouvaient nous
dicter la loi en maîtres absolus et en conquérans irrités; lorsqu'ils avaient tant de vengean-
ces à exercer contre nous, sans qu'on eût pu
les accuser d'injustice, qu'ont-ils fait? qu'ont-
ils exigé? Ils nous ont fait rentrer dans nos anciennes limites; ils nous ont même laissé des

portions de territoire qui jadis ne nous appar-
tenaient pas. Et MONSIEUR, qui a ratifié ces préliminaires de paix, est aujourd'hui blâmé par
ces soi-disant amis de la gloire nationale, qu'ils
ont eux-mêmes compromise.

Examinons en effet quel est actuellement
l'état général de l'Europe. D'un côté, l'Angleterre, maîtresse de toutes les mers et de tout le
commerce du monde ; ses possessions dans
l'Inde sont aussi étendues que sa puissance
maritime est redoutable. De l'autre, la Russie, déjà si vaste par elle - même, menace
de dominer tout le midi de l'Europe comme
elle en domine le nord. Elle compte des sujets
jusqu'au centre de l'Allemagne, comme elle en
compte sur les frontières de la Chine. Ces deux
États, l'un sur mer, l'autre sur terre, font la
loi au monde ; et quelles sont les causes de cet
agrandissement énorme de puissance ? La révolution française, et ceux qui l'ont tour à tour
dirigée. Qui a favorisé l'accroissement maritime
des Anglais ? n'est -ce pas la perte de la marine
française ? Qui a attiré les Russes à Paris ? n'est-
ce pas l'ambition désordonnée de Bonaparte ?

Louis XVI, en secondant l'insurrection amé-
ricaine, fit une faute, et une très - grande faute
comme roi. Mais cette faute tourna du moins à

l'avantage de la France. Il recréa la marine, il la rendit redoutable, et la paix de 1781 fut aussi glorieuse pour nous, qu'honorable pour notre marine. En 1790, la France fut sur le point de se mesurer de nouveau sur mer avec l'Angleterre, et sans doute, elle l'aurait fait avec une nouvelle gloire, car la marine française était encore intacte. Nos officiers n'avaient pas encore été forcés de s'expatrier par l'insubordination des équipages. La révolution n'y était pas entièrement opérée. La guerre n'eut pas lieu, et ce fut peut-être un malheur. Depuis cette époque, la marine tomba de jour en jour, et les assemblées qui gouvernaient la France, contribuèrent plus que n'auraient pu faire les Anglais, à à la destruction totale de notre marine. Le Directoire exécutif, par sa politique inepte et par son projet de républicaniser toute l'Europe, exalta la haine des peuples contre nous, et ne pensa point à nous rendre redoutables sur mer. Pendant ce temps, l'Angleterre s'emparait de nos vaisseaux et s'accroissait de toute la marine hollandaise, ainsi que de toutes nos colonies. Elle détruisait d'un autre côté l'empire de Mizore, et se rendait tout l'Indostan tributaire. L'expédition d'Egypte porta le dernier coup à notre marine, et ce fut la puissance des Anglais qui força Bonaparte à en sortir en fugitif, et après lui , le reste de nos quarante mille hommes.

Bonaparte n'étant encore que général , avait dit : soyons maîtres de la terre, et nous serons maîtres des mers. Quand il fut le chef de l'Etat, il conserva la même maxime, et il négligea la marine pour ne s'occuper que de ses projets d'envahissement sur le continent. Il prétendit pouvoir donner le démenti à ce vers.

Le trident de Neptune est le sceptre du monde.

Cependant après la bataille de Marengo et la paix qui en fut la suite, il pouvait, en donnant tous ses soins à relever notre marine; il pouvait rendre à la France son antique prépondérance. La France avait assez acquis sur terre, il était temps de se tourner vers la mer. A la faveur d'une paix glorieuse et scrupuleusement observée, il pouvait former des marins, construire des vaisseaux, rappeler les restes de l'ancienne marine royale, et dans peu d'années, il aurait pu disputer aux Anglais l'empire qu'ils s'étaient acquis; il aurait pu du moins l'inquiéter, l'arrêter et le restreindre. Que fait-il, au contraire ? poursuivant sa chimérique idée de dominer les mers par le continent *, il réduit le Piémont en

* Le projet de se rendre maître de la terre pour dominer sur les mers, offre tant de difficultés, présente tant
de résistances et suppose tant de ravages, qu'il n'a pu être
conçu que par une tête désordonnée, et par un cœur
inaccessible à tout sentiment d'humanité. Pour que Bonaparte parvînt à son entière exécution, il fallait qu'il déso-
lât tous les Etats de l'Europe les uns après les autres, qu'il
y portât tous les fléaux de la guerre , qu'il ravageât les
campagnes , et saccageât les villes de toute cette partie
du monde. Il fallait enfin qu'il s'en rendît le maître ab-
solu, comme les Romains s'étaient rendus maîtres de
l'univers. Mais les Romains ne le furent qu'après cinq
cents ans de guerres continuelles , et Bonaparte seul pré-
tendait faire, pendant sa vie , ce que tant de généraux
romains n'avaient pu exécuter que dans l'espace de cinq
siècles, et surtout à une époque et dans des circonstances
qui n'ont rien de comparable avec ces temps reculés.
Le projet de dominer sur les terres , en se rendant maître
de la mer , présente bien moins de difficultés , et ne suppose pas des calamités aussi sensibles et d'aussi longue
durée. Les pertes qu'un peuple fait sur mer ne sont pas
aussi directement senties par toutes les classes de la so-
ciété que les maux d'une guerre continentale. Le commerce souffre ; mais l'agriculture , mais l'industrie , mais
les propriétés , mais les arts, n'éprouvent point des coups
aussi funestes de la perte de quelques vaisseaux, que des
ravages d'une armée victorieuse. Les Carthaginois furent,
comme les Anglais, les dominateurs des mers ; mais ils ne
furent point, comme les Romains, les tyrans du monde et
les oppresseurs de l'humanité.

départemens français ; il forme un royaume de la Hollande qu'il incorpore ensuite à la France ; il s'empare de l'état de Gênes, puis de la Toscane. Il place sur le trône de Naples un de ses frères. Il organise sa confédération du Rhin dont il se fait le protecteur, c'est-à-dire, le maître. Il enlève la Westphalie à la Prusse pour en faire l'apanage d'un autre de ses frères, il chasse le pape de Rome, et convertit l'État Ecclésiastique en province française ; il en fait de même des villes anséatiques. L'Espagne se voit enlever son souverain par une perfidie sacrilége, comme le Portugal avait vu le sien s'enfuir à l'approche de ses aigles. Ainsi Bonaparte, d'envahissement en envahissement, de guerres en guerres, en vint jusqu'à menacer l'empire de Russie de sa monstrueuse domination. Mais l'incendie de Moscou fut comme le flambeau qui éclaira tous les peuples de l'Europe. L'Empereur de Russie, dans un manifeste plein d'énergie, fit un appel à tous les souverains. Cet appel fut entendu, l'Europe entière fondit sur la France et l'envahit à son tour. Mais la Russie et l'Angletere formant et dirigeant cette nouvelle croisade, ont conservé et conserveront encore long-temps cette prépondérance que leur ont value nos folies, nos conquêtes éphémères, et surtout l'ambition effrénée de Bonaparte.

C'est donc aux auteurs de notre révolution, c'est à ceux qui l'ont tour à tour dirigée, c'est à Bonaparte, plus qu'à tout autre, qu'il faut s'en prendre de la domination et de l'agrandissement de la Russie et de l'Angleterre. C'est eux, c'est lui qu'il faut accuser d'avoir fait perdre à la France cette ancienne prépondérance qui la faisait respecter des autres nations. Il est bien différent d'inspirer le respect ou la terreur. Le premier sentiment nous concilie des amis sincères; le second, nous suscite des ennemis secrets qui n'attendent que le moment de secouer le joug, et qui le saisissent avec empressement. C'est alors que la réaction est égale à la compression.

Ils ne sont donc pas les véritables amis de la France, les vrais enfans de la patrie, ces anciens gouvernans, ces directeurs et ce Bonaparte, fils de l'étrangère, qui, par leurs fureurs, et leur ambition, ont soulevé contre nous toute l'Europe conjurée; qui nous ont forcés de regarder des Russes, des Prussiens, des Autrichiens et des Anglais, comme des libérateurs, et de les bénir comme les sauveurs de notre patrie. Et ils osent accuser un fils de France, un prince aussi aimable que bon, d'avoir compromis l'honneur national, tandis qu'eux seuls attirent une seconde fois sur nous les calamités de la guerre, et l'invasion des étrangers. Espérons qu'enfin la Providence qui veille au salut des peuples et des rois, confondra pour jamais ces hommes détestables, ces hommes indignes du nom français, et avec eux leur orgueil et leurs funestes principes ; car ils sont les fléaux des sociétés et heureusement pour l'espèce humaine, les fléaux ne sont que passagers.

ADRIEN EGRON, IMPRIMEUR
DE SON ALTESSE ROYALE MONSEIGNEUR LE DUC D'ANGOULÊME,
rue des Noyers, n°. 57.